AF610892

8° R Pièce
22504

LE CINQUANTENAIRE

DE LA MORT

D'AUGUSTE COMTE

(par le Dr G. Audiffrent)

Pièce
8° R
22504

LYON
A. STORCK & Cie, IMPRIMEURS-ÉDITEURS
8, rue de la Méditerranée, 8

—

1907

LE CINQUANTENAIRE

DE LA

MORT D'AUGUSTE COMTE

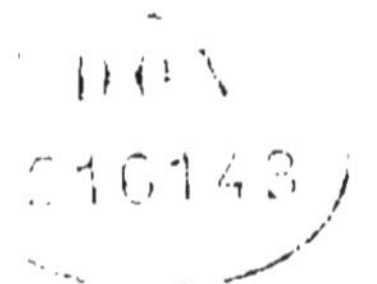

LE CINQUANTENAIRE

DE LA MORT

D'AUGUSTE COMTE

LYON

A. STORCK & Cie, IMPRIMEURS-ÉDITEURS

8, rue de la Méditerranée, 8

—

1907

LE CINQUANTENAIRE

DE LA MORT

D'AUGUSTE COMTE

Quand on célèbre en certains lieux le cinquantenaire de la mort d'un maître vénéré, il convient à son plus ancien disciple de rétablir les faits souvent méconnus et puisque le devoir l'y oblige, de rappeler ses dernières paroles, lorsque, embrassant pour la dernière fois son disciple, il lui dit : « Vous êtes le seul pour moi en situation ». Sa vie entière a prouvé si ce disciple a été fidèle à cette haute opinion d'un maître vénéré ; sa correspondance imprimée récemment montre quels rapports il y avait entre le maître et le disciple qu'on frappe aujourd'hui d'ostracisme. Il ne rappellera pas le jugement déjà imprimé, que portait le maître sur celui qu'il donnait comme président à ses exécuteurs testamentaires.

Mon Vénéré Maitre,

Il y a en ce jour cinquante ans que vous nous avez quittés, c'est-à-dire un demi-siècle. Contrairement à vos espérances la grande doctrine qui est sortie de votre puissant génie et que réclamait la situation occidentale tout entière, n'est encore connue sous son vrai jour que de quelques-uns. Les dernières conceptions de votre vie n'ont été bien appréciées que d'une élite, elles n'ont point reçu toute l'extension qu'elles comportaient.

De graves déviations les ont atteintes dans leur développement. Les nombreux disciples qui vous entouraient étaient sans doute animés des meilleurs sentiments, mais nous devons le dire, bien peu avaient pu s'élever avec vous, jusqu'à la hauteur qui convenait à leur grande intelligence.

La partie intellectuelle de votre œuvre incomparable devait seule fixer leur attention, et la sentimentalité de la grande doctrine leur avait échappé en partie.

Vous ne vous faisiez aucune illusion sur leurs aptitudes. Ils ne vous avaient pas suivi jusqu'à l'épanouissement d'une œuvre sans antécédents.

Un préjugé, dont nous avons tous subi l'influence, nous

a entraînés malgré vos avertissements à confier la direction de ce qu'il y avait à faire, au plus instruit d'entre eux, mais non au plus pénétré des exigences sentimentales de l'œuvre vers laquelle vous vouliez nous pousser. Nous vous dirons qu'une déviation toute mentale a compromis l'exposition d'une grande doctrine et entraîné presque tous hors de ses voies. C'est sous l'influence de cette déviation que nous avons tous plus ou moins vécu jusqu'ici.

La continuité des grandes traditions que vous nous avez rappelée autant par vos paroles que par vos écrits fut méconnue. Les efforts de quelques-uns pour y ramener n'ont pu leur être suffisamment montrés. Une excuse à un tel entraînement pouvait-elle se trouver dans la situation parlementaire que nous subissons depuis le commencement du siècle et contre laquelle vous avez, en maintes occasions, si énergiquement protesté? Entre autre des inconvénients inhérents à cette situation, elle a pu s'opposer à la formation d'un parti politique que vos conseils avaient préparé. Ce parti fut contenu dans sa formation par de regrettables préjugés. Vos indications à cet égard étaient formelles, on ne les a pas suivies.

Mon vénéré Maître, on vous a reproché de n'avoir pas donné à vos indications, en votre testament, toute la précision qu'elles réclamaient; vous nous avez tracé cependant la conduite que nous avions à tenir après vous. Vous avez au contraire agi avec une sagesse, dirons-nous, que les événements semblaient imposer.

Vous avez déclaré que parmi vos disciples vous n'en trouviez pas qui par leur caractère et leur intelligence vous semblaient capables de vous succéder dans la direction générale.

Votre succession devait rester vacante jusqu'à l'avènement de quelque puissante nature.

Il importait de conserver la filiation politique que vous aviez instituée en maintenant la société positiviste. Vous en avez donné à cet effet la présidence à un digne prolétaire. Sa position, toujours bien précaire, ne lui a pas permis, malgré sa haute valeur intellectuelle et morale de répondre aux exigences du maître.

La Société positiviste changea bientôt de destination et de caractère, elle fut absorbée, aux grands regrets de tous, par celui que dans un moment d'égarement, on avait placé à la suprême direction.

Ainsi fut arrêté ce que vous aviez fait pour contenir la prépondérance qu'aurait pu prendre quelque lettré, scientifique ou littéraire, dans la confusion générale.

La sagesse du maître avait donc répondu à tout. Un programme autant gouvernemental qu'intellectuel avait été écrit en temps opportun. Nous ferons remarquer que vous accusiez la prépondérance de la grande cité à laquelle on eut pu se rallier. Paris, avez-vous dit, c'est la France, c'est l'Occident, c'est la Terre. Malgré tous les obstacles dont vous avez eu à triompher, O Maître vénéré, l'opposition académique et les troubles domestiques. vous nous avez donné en quelques années de labeur continuel les six volumes de la Philosophie positive où votre prépondérance fut affirmée par tous.

De cette grande œuvre se dégage pour la première fois les grandes lois qui président à l'évolution humaine.

Mon vénéré Maître, dès votre bas âge, en quittant les bancs, vous vous êtes mêlé au mouvement d'alors, politique et social. Vous vous êtes convaincu en entrant dans la vie publique que ce qui manquait à une vieille société en plein désarroi c'était les moyens de direction ; ils étaient épuisés, c'était des croyances. Vous vous êtes appliqué à leur en substituer d'autres.

De cette œuvre immortelle, de cette « Philosophie positive » où l'esprit prévaut, on trouve déjà un enseignement que le catholicisme, cette vieille doctrine de nos pères, avait accepté. La prépondérance du cœur sur l'esprit. Mais au milieu de la dissolution révolutionnaire il lui fallait une consécration ; une sainte affection la lui fournit, le cœur reprenait son empire.

Le philosophe n'est plus seul dans la lutte qu'il eut à soutenir. L'homme écrit désormais sous l'inspiration féminine. Nos conceptions quelconques, c'est le cœur qui en fournit le mobile, c'est l'esprit qui les développe.

C'est sous une inspiration toute affective que vont être écrits les quatre volumes de la politique positive, la dédicace l'indique assez, c'est l'œuvre de la seconde vie. C'est l'étude de l'homme qui en fait l'objet. L'avenir y est présenté à grands traits, la religion de l'Humanité s'y trouve définitivement constituée.

La religion a pu y être présentée sous son véritable jour; cet état d'unité qui résulte de l'harmonie de toutes les parties d'un tout.

La seconde œuvre qui nous arrive va se trouver empreinte d'un tout autre caractère que la première. Ce n'est plus à travers mille hésitations qu'il nous signale lui-même, que procède celui qui s'élève à la hauteur d'un novateur religieux. C'est au même titre que ses prédécesseurs, Saint Paul et Mahomet qu'il se présente à nous. L'évolution humaine, on le sent, touche à son état final. C'est sous ce dernier aspect que la nouvelle œuvre doit être présentée. L'Humanité se dégage enfin d'une longue élaboration à laquelle a concouru l'espèce tout entière, dans ses plus beaux types, masculins et féminins.

Vous avez pu dire, O maître vénéré, Le Grand Être que nous sommes appelés à servir, c'est l'ensemble continu des êtres convergents. Mais si l'esprit a trouvé un aliment, le cœur en demande à son tour un plus substantiel, il va le trouver dans ce produit du passé tout entier; dans la femme elle-même, pourvue désormais de ses grands attributs de tendresse et de pureté, dégagée de tout ce qui peut encore la rattacher à l'animalité.

Placée sur l'autel du Grand Être, elle devient l'objet concret et permanent de l'adoration universelle.

Son caractère se dessine dans une grande conception méconnue qui vient condenser la religion tout entière dans son dogme, dans son culte, dans son régime.

O vénéré Maître, il n'appartenait qu'au Génie, par sa

hardiesse, à établir la continuité d'un grand phénomène. Au Génie seul il appartenait de dégager ce qu'il y a de fondamental dans ce phénomène dont la science elle-même ne saurait de nos jours contester sa légitimité.

Mieux qu'aucun de nous, vénéré Maître vous avez senti la continuité sentimentale de tout le passé. Un de vos émules, le grand Saint Bernard, a compris qu'entre le Créateur et l'humaine nature il fallait quelque chose, une médiatrice, comme vous l'avez dit, participant de notre nature, connaissant nos défaillances, le plus parfait de tous les êtres n'ayant de la toute puissance que la souveraine bonté.

L'on comprend désormais que cette utopie qui jeta l'étonnement au milieu de nous ne fut pas une distraction philosophique, mais une nécessité sociale établissant la filiation d'un grand phénomène suivant les pressentiments du passé.

A l'observation de Franklin rappelée par vous sur la communauté des ancêtres un peu éloignés, on peut rattacher l'idée d'une procréation féminine puisqu'elle suppose une grande délicatesse chez la femme, délicatesse qui n'a été acquise ici qu'à la suite du concours de nombreuses générations, dont celle-ci a éprouvé l'influence. Le fait de l'évolution spontanée de l'être, sous une action extérieure, en quoi consiste le phénomène en question, n'a rien qui soit anti-scientifique.

Trois grandes natures : Saint Paul, Saint Bernard et

vous, vénéré Maitre, se trouvent associées dans la constitution de l'Humanité tout entière.

Les résistances des agglomérations dites positives, à votre utopique conception, ne sont point justifiées. Le positivisme, aujourd'hui, vient clore la préparation des forces humaines.

Le positivisme, nous disiez-vous, est aujourd'hui entré dans sa phase d'installation. A cet égard vous avez eu l'idée d'une ligue religieuse. « Que tous ceux qui ont une croyance se réunissent contre ceux qui n'en ont pas. » Catholiques, Protestants, Juifs, Musulmans même. C'était affirmer le caractère de la nouvelle foi ainsi conciliant, en fait. La liberté spirituelle était ce que réclamait la nouvelle ligue. Une pleine séparation du spirituel d'avec le temporel s'imposait désormais.

Ceux qui depuis le XVIe siècle avaient eu la direction du catholicisme pouvaient être favorables à une dénonciation du concordat par lequel Bonaparte avait voulu asservir les consciences. Ce fut dans ce but, vénéré Maître, que vous vous êtes adressé, par un de vos éminents disciples à la puissante compagnie. Votre tentative n'eut point de succès. Faut-il, écriviez-vous à l'un de vos disciples, que quelque événement fâcheux, quelque acte de violence les oblige à faire ce que tout réclame aujourd'hui. Les événements ont prouvé de nos jours combien vous aviez eu raison. Vous avez montré l'élaboration affective succédant dans la dernière phase du passé à l'éveil de l'intelligence et au mouvement propre à l'activité.

Le positivisme aujourd'hui vient clore cette préparation des forces humaines, en instituant la culture du sentiment. La diversité des dogmes ne saurait différencier le but poursuivi en ce qu'on peut appeler justement la préparation de la sentimentalité humaine. On vous avait fait dire, O Maître vénéré, que nous nous trouvions sur le même terrain que nos prédécesseurs immédiats, aussi comprend-on que votre disciple a pu dire à son tour de la nouvelle doctrine qu'elle est le couronnement de celle qui l'a immédiatement précédée. Le positivisme, pour tout penseur, sauf la diversité des dogmes est l'épanouissement du catholicisme.

Celle en qui vous avez personnifié l'Humanité vu les services incontestables qu'elle vous a rendus et à tous aussi, dans une sainte association, si elle ne peut représenter tout le passé, c'est néanmoins sous ses sympathiques traits qu'elle doit être honorée.

Le type utopique que vous avez institué restera toujours cependant la plus complète idéalisation de l'Humanité. C'est votre œuvre, c'est vous honorer que de condenser en cette mémorable conception le passé et l'avenir.

Ceux qui ont eu la douleur d'assister à vos suprêmes moments ont pu nous dire que vos regards se sont attachés une dernière fois à l'image de celle en qui dans votre culte, vous aviez personnifié l'Humanité tout entière. C'est de nos jours qu'on peut comprendre combien fut funeste à tous le retard apporté à ce que vous appeliez l'installation de votre doctrine. Les fluctuations qu'elle a subies, les hésitations de ses propagateurs, ne sauraient être oubliées. A l'anarchie qui nous dévore, qui peut croire qu'il n'ait pas eu sa part? Des institutions fondamentales ont été méconnues, pour arrêter les progrès d'un mal qui nous déborde, qu'on reste bien convaincu que la grande doctrine seule peut être invoquée.

Plus que jamais votre enseignement doit être rappelé. Si en ce jour il est permis de faire des vœux qu'une union désirée s'établisse entre ceux à qui incombe la préparation des dogmes de l'avenir, qu'on revienne à vos dernières prescriptions, qu'on se dise avec vous que le progrès, quel qu'il soit, ne peut être que le développement de l'ordre.

Votre plus ancien disciple, profondément pénétré de votre souvenir, miné par la maladie et par l'âge, se reporte à des temps d'espérances. L'avenir semblait s'ouvrir pour lui alors avec confiance comme à ceux qui ont cru et qui ont aimé. En nos jours de doute et d'indécision, que notre foi supplée aux forces qui nous ont si souvent manqué !

Imprimerie A. Storck et Cie, 8, rue de la Méditerranée

www.ingramcontent.com/pod-product-compliance
Ingram Content Group UK Ltd.
Pitfield, Milton Keynes, MK11 3LW, UK
UKHW020413250726
13967UKWH00006B/2629

9 782012 958265